SYNDICAT INDUSTRIEL FRANÇAIS DE L'INDO-CHINE

RAPPORT

SUR LE

CONGO FRANÇAIS

PRÉSENTÉ PAR

M. BLANQUART DE BAILLEUL

Délégué de la Chambre de Commerce de Rouen

SYNDICAT INDUSTRIEL FRANÇAIS DE L'INDO-CHINE

RAPPORT

SUR LE

CONGO FRANÇAIS

PRÉSENTÉ PAR

M. BLANQUART DE BAILLEUL

Délégué de la Chambre de Commerce de Rouen

Monsieur le Président,

Messieurs les Membres du Syndicat,

La Chambre de Commerce de Rouen m'ayant chargé d'une mission au Congo Français, mission ayant pour but de réunir les renseignements susceptibles d'intéresser le commerce Rouennais, vous avez bien voulu m'honorer de votre confiance en me priant de faire aussi pour vous un travail analogue. *M. le Président de la Chambre de Commerce* a bien voulu m'autoriser à donner connaissance de mon rapport à MM. les Commerçants qui me le demanderaient, je ne crois pas pouvoir faire mieux que de vous le communiquer en entier; j'y joins divers échantillons des marchandises et des produits les plus courants.

Laissant de côté le point de vue anecdotique qui, bien qu'in-téressant, ne saurait entrer dans le cadre de ce rapport, que j'ai fait *exclusivement commercial,* aussi succint et clair qu'il m'a été possible, j'ai pensé que, pour ne pas m'égarer, le plus simple était de le diviser en paragraphes, dans chacun desquels je traiterai simplement une question.

NOMENCLATURE DES PARAGRAPHES.

INTRODUCTION. — *Traitant la contrée au point de vue géogra-phique et ethnographique : en tant que l'étude du territoire, des mœurs et des habitudes des indigènes peuvent intéresser la question commerciale.*

§ I. — *Comment se fait le commerce dans la Colonie? Contre espèces ou par échanges? Directement ou indirectement, entre Européens et producteurs? Au comptant ou par avances?*

§ II. — *Quelles sont les marchandises importées, leur provenance et leurs prix de revient approximatifs? Quels sont les modes de pliage, métrage et d'emballage?*

§ III. — *Quelle est la nature et l'importance des produits?*

§ IV. — *Quels sont les moyens de transports de la Métropole et dans la Colonie? Quels en sont les prix approximatifs?*

§ V. — *Quel est le régime des saisons et quel en est le rapport avec les produits?*

§ VI. — *Quel est l'état sanitaire de la Colonie? Quelles ressources offre-t-elle en cas de maladie du personnel Européen?*

§ VII. — *Quelle est l'organisation administrative et judiciaire de la Colonie? La vie et les biens des Européens sont-ils en sûreté?*

§ VIII. — *Quel est le régime douanier et fiscal? Les marchandises françaises sont-elles favorisées?*

§ IX. — *Quelles sont les maisons actuellement établies au Congo? Où se trouve le siége de ces maisons en Europe?*

§ X. — *Y aurait-il intérêt à créer de nouveaux comptoirs? Quels en seraient approximativement les frais de première installation? Quel serait le capital de roulement nécessaire au bon fonctionnement et au succès de l'entreprise?*

§ XI. — *Statistique: importation, exportation.*

§ XII. — *Tarif des Douanes à l'importation.*

RAPPORT

INTRODUCTION.

Traitant la contrée visitée au point de vue géographique et ethnographique : en tant que l'étude du territoire, des mœurs et des habitudes des indigènes peuvent intéresser la question commerciale.

Le pays est très accidenté et très montagneux ; les convulsions du sol, lors de la formation de cette partie du continent appelée Congo Français, située entre le deuxième degré de latitude nord et le cinquième sud, le septième longitude ouest et le dix-huitième est environ, l'ont hérissé de collines tellement rapprochées, que dans certaines contrées les plaines y sont complètement inconnues ; il faut remonter jusqu'au pied des monts de Cristal pour en trouver quelques-unes. Cette chaine de montagnes franchie, elles s'étendent nombreuses à l'horizon.

De la rivière Campo notre frontière nord, au cap Lopez, tout le pays est couvert de forêts rendues impénétrables par la brousse et les lianes qui poussent follement entre les arbres ; à grand peine l'indigène y a-t-il frayé quelques sentiers, seules routes de communication existant pour transporter les marchandises aux points d'échange et en ramener les produits à la côte.

A partir du cap Lopez inclusivement jusqu'à Pointe-Noire notre frontière sud, le pays est parsemé de plaines immenses ; il serait plus logique de dire terrains découverts, car le pays reste toujours aussi accidenté.

Les véritables voies de communication sont les rivières ; malheureusement peu navigables pendant la saison sèche, elles sont coupées de

rapides et de chutes, qui en rendent la navigation difficile et parfois
périlleuse. Les indigènes cependant n'hésitent pas à se servir des routes
fluviales : ils sont d'une adresse extrême à en franchir les passages dange-
reux. Il en est de même pour le littoral, où sur certains points l'atterrissage
est plus que difficile.

De Campo au cap Saint-Jean, la barre est presque toujours maniable,
mais cependant très dure ; du cap Saint-Jean au Fernand-Vaz elle est
nulle ; mais de Sette-Cama à Pointe-Noire elle est très souvent impra-
ticable.

On pourrait croire que cet inconvénient est un empêchement au
commerce, il n'en est rien ; c'est une question de temps et d'habitude.
A partir de Ténériffe, en allant vers le sud, on ne sait pas ce que c'est que
le mauvais temps, et les noirs engagés dans les factoreries pour faire le
service de pagayeurs et convoyer dans des Serfboath les marchandises ou
les produits de la côte aux navires mouillés au large, mais à des distances
généralement courtes, les côtes étant très accores et donnant de bons
mouillages très rapprochés de terre ; ces noirs, dis-je, sont tellement
habitués à franchir ces barres qu'ils y sont excessivement adroits et qu'il
est fort rare qu'un accident ou une perte de marchandises se produisent.
De plus, presque toutes les maisons sont pourvues de côtres dans lesquels
elles mettent leurs produits à temps perdu ; le navire se présente-t-il ? ils
n'ont qu'à l'accoster, lui livrer leurs produits et prendre leurs
marchandises.

Au Congo, l'indigène, quelle que soit sa race, est toujours indolent
et très paresseux. Pourquoi travaillerait-il ? La banane et le manioc,
fond de sa nourriture, y croissent en abondance et presque sans culture.
Les femmes créent les plantations, les entretiennent et pêchent le poisson
qui pullule sur tout le littoral et dans les rivières ; de plus, le climat fort
doux le dispense de costume. Lui de son côté, quand il n'est pas de garde,
va, soi-disant, à la chasse ; le produit n'est pas le principal but de sa sortie ;
le véritable motif c'est que, vivant en discussion perpétuelle avec les
villages voisins, pour une raison ou pour une autre, souvent des plus
futiles, il va voir ce qui se passe, se renseigner.

Il n'existe pas de peuples proprement dits ; les races se divisent en une
infinité de familles formant chacune un village complètement indépen-
dant des autres. La guerre, dans le sens absolu du mot, y est inconnue
ou à peu près ; en tous cas, l'Européen n'a jamais à s'en préoccuper ; il n'y
a pas d'exemple qu'un seul ait jamais été inquiété pour une palabre entre

villages. Si le blanc s'interpose parfois, c'est pour essayer de les amener à régler à l'amiable et cela, parce que ces discussions où le fusil parle quelquefois et où les rapts de boys et de femmes sont le complément, gênent toujours son commerce. Ce système pacifique est même un peu passé dans les habitudes; bien souvent les villages viennent spontanément trouver, pour régler leurs différends, soit les chefs de poste, soit les blancs qui ont su gagner leur estime; ce qui n'est pas si facile qu'on serait porté à le supposer.

Dans certaines contrées le noir, attiré par l'appât des marchandises, se met un peu à travailler, mais cela pour le seul plaisir de posséder, d'amasser dans des coffres, puis aussi, lorsqu'arrivé à l'âge adulte il veut se procurer les marchandises nécessaires à l'achat d'une ou plusieurs femmes.

Depuis quelques années l'échange des marchandises augmente dans de grandes proportions ; il serait de beaucoup plus important encore si, au lieu de rester sur le littoral, on voulait faire de la pénétration. Les plus grands bénéfices restent entre les mains des *traitants noirs*; ce qu'à la côte ils nous vendent un dollar ne leur revient pas à l'intérieur à plus de deux ou trois schillings, et encore les produits ont-ils déjà souvent passé dans bien des mains avant de parvenir dans celles du dernier *traitant*.

§ Ier.

Comment se fait le commerce dans la Colonie ? Contre espèces ou par échanges ? Directement ou indirectement, entre Européens et producteurs ? Au comptant ou par avances ?

Sauf à Libreville, du village Louis à Glass — où l'argent est connu mais où sa valeur pour l'indigène, qui achète dans une factorerie, est la même que si au lieu de donner une pièce de 5 francs, il donnait un produit — sur tous les points de la côte et de l'intérieur, le commerce ne se fait que par *échanges*.

Pour l'indigène l'unité monétaire est le dollar ou un pagne ; l'un est synonyme de l'autre. Le pagne est une pièce d'étoffe quelconque de 4 yards, soit : 3 m. 65 de long environ sur 0 m. 55 à 0 m. 65 de large.

Ces étoffes valent de 2 pence 1/2 à 5 pence 1/2 le yard, il est très rare
que ce dernier chiffre soit atteint; les prix d'achat en Europe oscillent
généralement entre 2 pence 1/2 et 3 pence 3/4; il est facile de se rendre
compte par là combien l'échange est rémunérateur. Le noir ne connaît
pas les centimes; les divisions du dollar sont le franc et la pièce de cinquante centimes, même il n'y a guère qu'à Libreville où cette dernière
soit connue.

Le prix de presque toutes les marchandises est basé sur ce que je viens
de dire. J'insiste sur ce point, attendu qu'il m'arrivera souvent de me
servir de l'expression « *tel prix en marchandises* ». Chacun alors
pourra faire la différence entre la somme énoncée et le prix de revient
des objets donnés en paiement. Ces objets comme les produits, à de très
petites différences près, sont cotés uniformément; allez dans n'importe
quelle factorerie, un fusil vaut 5 dollars, un neptune 2 fr. 50, une mar-
mite 5 francs, une pièce de pagne 5 dollars.

Suivant la quantité et la qualité du produit apporté, l'indigène cherche
à obtenir le plus qu'il peut; mais d'un autre côté il est tacitement con-
venu entre les factoreries que : tant de boules de caoutchouc se paieront
tant, les pointes d'ivoire de tel poids, tant. Les facteurs sont obligés d'agir
ainsi; sans cela, s'ils en venaient à se faire de la concurrence entre eux,
ils n'y résisteraient pas longtemps; le noir seul en profiterait, attendu
qu'avant de se décider à conclure un marché, l'indigène fait avec ses
produits le tour de toutes les factoreries pour voir celle qui lui en offrira
le plus. C'est là alors que les factoreries les mieux fournies prennent le
pas sur les autres. Trouvant le même prix partout, le noir porte de préfé-
rence ses produits où il voit le plus grand assortiment et où les marchandises fraîches et bien présentées flattent son œil et excitent sa convoitise.

Un grand point sur lequel je ne saurais trop insister auprès de ceux
qui voudraient monter quelque chose dans ces pays: pas de gros stocks,
renouveler souvent et surtout se conformer aux demandes de l'agent de
chaque factorerie; pas de parti pris. Si l'on a eu soin de bien choisir ses
agents, il faut faire exactement ce qu'ils demandent, seuls ils sont bons
juges des articles qu'ils pourront écouler avec profit. C'est là la force des
factoreries anglaises et allemandes; ne pas imposer nos goûts à l'indigène, suivre les siens même dans ce qu'ils peuvent avoir de ridicule. Que
nous importe de les voir en vieux chapeaux hauts de forme et en lunet-
tes si cela est dans leur goût; nous faisons un commerce d'échange; ne
perdons pas de vue que c'est nous qui proposons cet échange: par con-

séquent, nous devons supporter, en tant qu'elles ne sont pas nuisibles à nos intérêts, les fantaisies même grotesques de celui dont nous convoitons les produits.

Le commerce se fait de deux façons : *directement et au comptant,* avec l'indigène vivant autour de la factorerie. Le bon emplacement de ces factoreries, voilà d'où dépend seulement la réussite d'une entreprise sur la côte occidentale. Je parle d'après de vieux Africains y ayant fait leurs affaires.

Tout dépend du flair, de l'intelligence et de l'activité de l'agent général qui seul doit créer un comptoir sur tel ou tel point.

Que d'études, de marches ne lui faudra-t-il pas faire ; que de peines, de fatigues et de misères n'aura-t-il pas à supporter s'il veut remplir son mandat loyalement ! Mais aussi comme il sera payé de son dur labeur ; ses points d'échanges étant soigneusement choisis, ses chefs de factorerie verront les produits affluer ; de plus ses communications étant sûres, ses transports seront peu onéreux, plus rapides, ses pertes à peu près nulles.

Tandis que la maison dont les postes sont choisis comme presque toujours à l'aventure, l'agent général se souciant fort peu de faire à l'intérieur des voyages longs et pénibles, cette maison dis-je se verra alors obligée d'avoir recours au deuxième mode d'échange : *indirectement et par avances*; il faut alors se servir de l'intermédiaire inévitable en pareil cas, *le traitant noir*.

Le *traitant,* voilà la grosse pierre d'achoppement de la factorerie située sur un territoire où il y a pénurie de produits. Il faut se fier à des *noirs* qui n'offrent aucune garantie, et les envoyer dans la brousse passer un, deux et même trois mois pour y drainer des produits. Il n'est pas rare de voir des factoreries avoir de cette façon jusqu'à quinze et même vingt mille francs de marchandises dehors.

En général, ces hommes rentrent, quelques-uns disparaissent avec les marchandises ; d'autres plus malins reviennent, mais les mains vides, disent-ils, en vous racontant effrontément des histoires que l'on sait être invraisemblables. Le facteur fait ce qu'il peut pour leur faire rendre gorge, mais il se dégoûte vite de ce genre de commerce où ses pour cent fondent comme beurre au soleil.

Ce deuxième système à mon avis est absolument défectueux, trop aléatoire et nécessite une trop grande quantité de capitaux. Partout où je suis passé et où l'on opérait ainsi, les résultats étaient déplorables et le *traitant faisait le désespoir* des employés; tous invariablement se plaignaient amèrement de ce système où il y a trop de risques à courir, et où seule la maison mère arrive à faire des bénéfices, et cela grâce à l'énorme majoration des marchandises.

§ II.

Quelles sont les marchandises importées, leur provenance et leur prix de revient approximatif? Quels sont les modes de pliage, métrage et d'emballage?

En se reportant au chapitre *XI* statistique, on verra qu'à peu près tous nos *produits européens* sont importés au Congo français. Malheureusement la majeure partie en est de provenance étrangère; ainsi (en France) rien que pour le premier trimestre de cette année, sur un chiffre de 1,208,004 fr. nous ne figurons que pour un total de 393,918, laissant à l'Angleterre 445,630, à l'Allemagne 305,599, aux divers autres pays, principalement la Suisse et la Belgique, 62,857; soit en tout 814,086, contre 393,918 seulement pour la France.

Rien que pour l'*article tissus*, qui intéresse si vivement notre place, alors que le pays n'en apporte que pour 1,311 francs, l'Angleterre, l'Allemagne, etc..., pendant la même période, en expédient pour 158,405 francs; ces chiffres hélas se passent de commentaires.

La somme de 1,208,004 francs que je viens d'énoncer pour le premier trimestre 1891, semble être en décroissance sur l'année 1890; il n'en est rien, car il ne faut pas oublier qu'au commencement de chaque année les quatre premiers mois sont les plus mauvais; c'est dans toute la colonie la morte saison.

Les tissus sont tous *uniformément pliés* par yards et en pièces de vingt yards; la raison en est qu'à certains points d'échange, le pagne est de quatre yards et de 5 dans d'autres. Si l'on veut obtenir de bons résultats, les pièces seront toujours de vingt yards; cela permet d'avoir dans la même balle un plus grand assortiment de dessins et de coloris. Les grosses coupes ne sont bonnes que pour les guinées et les écrus.

Pour l'*emballage*, je n'ai rien à dire qui ne soit connu et mis en pratique par messieurs les négociants rouennais ; les Anglais font bien, mais Rouen ne le leur cède en rien. Une première enveloppe de gros papier, une deuxième en toile goudronnée et enfin une dernière en grosse toile d'emballage suffisent amplement.

Quant au *poids des ballots*, s'ils sont destinés à la côte proprement dite, peu importe, le déchargement s'opérant assez facilement. Mais s'ils doivent être transportés à l'intérieur, à dos d'hommes surtout, il faut excéder le moins possible 25 kilogrammes : dans le Loango, on va jusqu'à 30, mais les porteurs se fatiguent vite, et la route se fait alors très lentement. Dans les transports en rivières, les balles vont jusqu'à 100 kilogrammes et même au-delà ; je ne suis pas partisan d'excéder ce poids.

Après les tissus, les principaux articles d'importation sont : la poudre, les armes, le tabac, les alcools, le cuivre, les marmites, la quincaillerie, la verroterie, le sel, les vêtements d'occasion, la bimbeloterie.

Les échantillons de tissus que je joins à l'appui de mon rapport, permettront aux intéressés de se faire sur les prix une opinion précise, tous ceux énoncés étant absolument exacts. Quant aux autres articles, il ne m'a pas été possible d'obtenir de prix de revient. Devant le mauvais vouloir et les ordres formels que j'ai su avoir été donnés à leurs succursales par les maisons mères, je n'ai pu que me défier des rares renseignements qui m'ont été fournis. Je préfère donc m'abstenir ; en s'adressant aux producteurs français, on se les procurera facilement.

§ III.

Quelle est la nature et l'importance des produits ?

Les produits connus sont nombreux ; innombrables sont ceux qui n'ont pas été découverts ou que l'ignorance de ceux qui les trouvent laisse inexploités : le charbon, le fer, l'or, etc., sont dans maints endroits à fleur de terre.

Les produits exploités sont : les cuirs bruts, la cire, l'ivoire, l'écaille de tortue, la corne, la noix de kola, l'huile de palme, le café, le caoutchouc, les bois à brûler, les bois rouges d'ébénisterie, de construction et de teinture, l'ébène, les matières textiles, les gommes, les curiosités. La statistique donne d'une façon précise l'importance de la production.

Les *principaux* produits exploités sont : l'ivoire, le caoutchouc, les noix et l'huile de palme. L'ivoire vaut en moyenne 10 francs le kilogramme en marchandises ; les comptoirs les mieux assortis en enlèvent la plus grande partie à des prix même inférieurs à celui que je viens d'énoncer. Lorsque l'indigéne convoite un objet, il le lui faut à tout prix.

La première qualité de caoutchouc vaut en moyenne de 2 à 3 francs le kilogramme en marchandises toujours ; je cite ces deux produits en particulier, ce sont les principaux, les autres ne sont que des accessoires.

L'huile de palme s'exploite peu ; il y en aurait pourtant en quantité, elle est faite à temps perdu par les noirs, et sert à l'alimentation des travailleurs ; on en achète fort peu. Ce produit ainsi que sa noix pourrait prendre une plus grande extension, mais l'indigène préfére exploiter le caoutchouc qui est en abondance, plus rémunérateur et demande peu de peine pour l'obtenir.

Pour un facteur qui voudrait faire un peu violence à son apathie et s'occuper sérieusement, à temps perdu, de créer une plantation, les bénéfices couvriraient rapidement et au-delà les frais de sa factorerie, qui sont toujours assez élevés.

Quant à l'importance des produits, elle est gigantesque et l'on peut encore par la culture en créer de nouveaux. Les caoutchoucs de notre colonie ne viennent qu'en seconde ligne après ceux du Para. Sur différents points du territoire on a commencé à planter du Para, des caféiers et des cacaoyers ; ils viennent d'une façon splendide. Dans quelques années ces plantations seront en plein rapport et, par les bénéfices qu'elles donneront, viendront confirmer les dires des gens qui, connaissant bien le Congo, affirment que tout y pousse et y vient à mcrveille.

Mais comme partout, il faut vouloir travailler et persévérer, ne faire les choses qu'avec méthode et en toute connaissance de cause, ne pas planter du café dans les terres à caoutchouc et *vice versa*. Que de richesses perdues, la térébenthine, les bois de construction, de teinture et d'ébénisterie par exemple ; l'ébène, qui ne s'exporte qu'en mauvaises bûches de 70 à 80 centimètres de longueur, pourrait être obtenu en billes de dimensions suffisantcs pour être employées en ébénisterie ; l'acajou femelle existe en quantités inépuisables. La vanille, la canelle, le girofle, etc., y viendraient en abondance aussi ; et le mot tenter la fortune que l'on emploierait pour un commerçant qui irait s'établir là-bas serait tout-à-fait impropre.

Cette belle Colonie, où tous ces produits ne demandent qu'à être cueillis, nous appartient sans conteste ; à nous d'en profiter. L'indigène paresseux mais sociable finira, à notre contact, par sortir de son apathie ; on fera mieux alors, c'est certain ; mais tel qu'il est, notre Congo promet de grasses récoltes aux hommes de bonne volonté.

§ IV.

Quels sont les moyens de transports de la métropole et dans la Colonie ? Quels en sont les prix approximatifs ?

Ils sont nombreux. Du Havre, les *Chargeurs-Réunis* expédient le 5 de chaque mois un paquebot qui arrive à Libreville du 1ᵉʳ au 2 du mois suivant ; un départ est postal, l'autre est libre. Les mois postaux sont : Janvier, Mars, Mai, Juillet, Septembre et Novembre.

De Marseille, la *Compagnie Frayssinet* fait un service analogue ; un mois son paquebot part le 15, le mois suivant, le 25 ; de même que celui des Chargeurs-Réunis, il n'est postal que de deux en deux. Le postal part toujours le 15 des mois Février, Avril, Juin, Août, Octobre et Décembre.

Il y a donc tous les mois partant de France, à dates fixes, deux paquebots, un *postal* et un *libre*.

La compagnie *Wœrmann* partant de *Hambourg* fait aussi un service mensuel, qui passe à Libreville vers le 30 ; mais de même que les *deux lignes anglaises* partant de *Liverpool* et desservant aussi la côte, tant à l'aller qu'au retour, à cinq ou six jours près, on n'est jamais sûr de leur arrivée ; souvent même, lorsque leur chargement ne les y oblige pas ou que leur fret de retour est assuré, ils brûlent différentes escales. Ces paquebots ont surtout pour but d'assurer le service de leur factorerie.

Le service est bien fait par les lignes françaises, cela tient au service postal qu'elles sont obligées de faire à des dates fixes imposées par le cahier des charges. De plus, à bord de chaque paquebot se trouve un *agent des postes embarqué, commissaire du Gouvernement*, chargé de surveiller le service et de transmettre à la Métropole, ainsi que le ferait un *commissaire de surveillance* dans une gare, toutes les réclamations de quelque nature qu'elles soient qui pourraient lui être adressées.

Indépendamment de ceux des compagnies que je viens de citer, d'*autres navires* visitent accidentellement le Congo, et cela en assez grand nombre. Comme on le voit, les moyens de communication sont nombreux, et certains que nous allons voir absolument réguliers.

Lisbonne fait aussi un *service postal* mensuel entre l'Europe et la côte occidentale d'Afrique, seulement il dépose notre courrier à l'île *San-Thomé* située à un jour de mer du chef-lieu de notre colonie; tandis que les français arrivent directement à *Libreville*. La correspondance du portugais est assurée par un *service annexe* créé à Libreville par les Chargeurs-Réunis; ce service maintient continuellement et à des dates fixes les différents points de la côte en contact avec Libreville.

Ce service annexe est fait par deux vapeurs de cinquante tonneaux environ, le *Sergent-Malamine* et l'*Éclaireur*. Le *Sergent-Malamine*, après avoir été le 20 de chaque mois chercher le courrier à San-Thomé et l'avoir remis au chef-lieu, repart le 25 pour faire toute la côte sud, jusqu'à Loango où il arrive vers le 29. Il effectue le lendemain 30 son retour, de façon à rentrer vers le 5 du mois suivant. Du 6 au 11, voyage à la côte nord jusqu'à Bata, enfin du 16 au 19, rivière Como.

L'Éclaireur, de son côté, part le 28 de chaque mois faire le service de l'Ogowé et du Fernand-Vaz, passant un mois par Cap-Lopez, l'autre par les Barres; rentré le 19 du mois suivant son départ, il va du 24 au 27 faire aussi une tournée dans le Como. De cette façon tout est prévu et il n'est pas un seul point du littoral ayant quelqu'importance commerciale qui n'ait au moins une fois par mois son service postal et marchandises assuré; car indépendamment du courrier, les annexes font le service des marchandises et des produits.

Quant aux *différents prix* du fret, il est fort difficile de les donner ici; toutes les compagnies ayant des prix différents que l'on débat à volonté et qui changent selon la quantité expédiée. Il oscille entre 27 et 45 francs, selon la valeur du produit; la tonne s'entend de 750 kilogs ou au mètre cube, mais ne dépassant pas ce poids.

Les transports dans l'intérieur s'effectuent de deux façons: par les rivières ou à dos d'homme. *Par les rivières*, tous les comptoirs ont en général à eux appartenant un ou deux petits vapeurs avec lesquels ils transportent leurs marchandises et leurs produits. La dépense est à peu près nulle et même ils y ont bénéfice, puisqu'ils seraient obligés de payer du fret et que le bois de chauffage ne coûte que la peine de l'abattre.

Pour *les transports à dos d'homme*, ce mode n'est guère employé que de Loango à Brazzaville ; il est payé à chaque homme portant une charge de 30 kilogs bruts, 36 francs en marchandises, vivres en plus ; la route doit être faite en 30 jours maximum. Au retour, ils reviennent allégés ou chargés d'ivoire, seul produit qui nous vienne de cette contrée. Ce mode de transport très coûteux ne peut être employé que pour les produits très riches, ou comme l'emploie le gouvernement pour le ravitaillement de certains postes, tels que Brazzaville.

Dans les autres points très rares, où ce genre de transport existe, il est beaucoup moins onéreux ; ainsi, dans le Bénito, on ne paye qu'un seul voyage, l'aller ou le retour, et cela deux assiettes de sel par homme et par jour de route. Pour les petits transports, les équipes de Kroumann engagées à l'année dans les factoreries font le service.

Chaque année, votre *chef Kroumann* part à la côte de *Krou* rapatrier les hommes dont les engagements sont terminés et en ramener de nouveaux. On les paye en général 30 francs par mois en marchandises, la nourriture en plus ; un noir coûte au maximum 30 à 35 centimes par jour. Les Sénégalais coûtent beaucoup plus cher : ne mangeant ni bananes ni manioc, il leur faut du riz et du lard.

On en rencontre du reste fort peu comme hommes de peine, ils sont toujours menuisiers, charpentiers ou maçons, on les paie au moins 5 fr. par jour, la nourriture en plus ; bien que ce soient des ouvriers très ordinaires, souvent même insuffisants, comme il n'en existe pas d'autres, il faut bien en passer par leurs exigences, les ouvriers européens faisant absolument défaut.

§ V.

Quel est le régime des saisons et quel en est le rapport avec les produits ?

Il n'existe que deux saisons, la *saison sèche* et la *saison des pluies*.

La *saison sèche* commence vers la mi-avril et finit vers la mi-septembre ; cette période est absolument sèche, il y pleut rarement. C'est la plus agréable sous tous les rapports ; bien que sous l'équateur il est rare de voir le thermomètre monter au-dessus de 25 degrés, le ciel toujours couvert ne permet pas au soleil de vous importuner de ses rayons cuisants ; de plus les vents du sud constamment régnants rafraîchissent l'atmosphère et font que l'on peut se livrer à toutes sortes de travaux même manuels sans être incommodé.

Les nuits sont fraîches mais non humides à l'excès comme pendant la *saison des pluies,* ainsi dénommée parce qu'il pleut à peu près tous les jours. Cette période ne commence vraiment que vers la fin de novembre et va jusqu'a la fin février ; pendant ces quelques mois les orages sont épouvantables et plus violents que tout ce que l'on peut imaginer, de véritables tornades, un déluge d'eau accompagné d'éclairs et de tonnerre. Rien ne peut donner une idée du tonnerre dans ces pays, c'est épouvantable. J'ai assisté à quelques tornades, et quoique prévenu j'ai été stupéfié de l'intensité du phénomène ; d'après ce qui m'a été dit ce n'est rien auprès de la saison des pluies. Il ne pleut guère qu'une fois par jour, pendant une heure, une heure et demie environ, vers le matin généralement. Pendant cette saison le soleil chauffe de toute sa puissance ; il n'est pas rare de voir le thermomètre monter à certaines heures jusqu'à 40 degrés, vaporisant les trombes d'eau qui sont tombées le jour ; la nuit cette eau se condense et retombe alors, imprégnant tout d'une énorme quantité d'humidité.

On choisit cette époque pour faire les *plantations et les semis,* cela épargne les arrosages qui sont fort difficiles pendant la saison sèche et qui à ce moment se font seuls. On fait en général *deux récoltes* par an ; la plus abondante au mois d'avril-mai, l'autre beaucoup moindre vers la fin septembre ; c'est à ce moment qu'a surtout lieu la cueillette des fruits.

Toutes les rivières étant devenues navigables, on en profite pour faire les grands transports.

§ VI.

Quel est l'état sanitaire de la Colonie ? Quelles ressources offre-t-elle en cas de maladie du personnel européen ?

Pendant le temps que j'ai séjourné dans la Colonie, que j'ai visitée du nord au sud sans en excepter un seul point d'échange, pendant mes excursions dans l'intérieur et dans les rivières Bénita, Muny, Mondha, Como et affluents, Ogowé et Fernand-Vaz, dans les lagunes de la côte, jusqu'à Loango, je n'ai pas eu connaissance d'un seul cas de mort provenant de maladie maligne, fièvres pernicieuses ou autres; sauf par accident et un cas par hasard de bilieuse hématurique, et encore faut-il que l'hématurie ait frappé plusieurs fois de suite le même individu, les cas de mort sont excessivement rares. *Le pays est très sain*, le choléra, la fièvre jaune y sont totalement inconnus. Si les ravitaillements en vivres frais pouvaient se faire d'une façon régulière et abondante, l'anémie diminuerait dans de grandes proportions. Avec elle disparaîtrait la bilieuse hématurie qui seule peut devenir dangereuse si elle n'est pas soignée à temps. Les moyens de transport et de communication, comme je l'ai démontré dans un paragraphe précédent, étant plus que fréquents, aussitôt qu'un cas se manifeste, le malade est immédiatement transporté à bord du premier navire qui se présente; il y trouve toujours *médecin, médicaments* et *vivres frais*; il n'y a pas de nationalité qui tienne, l'accueil le plus fraternel est fait sans hésitation et avec le plus grand dévouement. Je me suis trouvé dans ce cas, et j'ai été soigné à bord de l'*Odolph-Wœrmann*, navire allemand, avec la plus grande sollicitude. Le navire emmène le malade tout en le soignant à Libreville; là il n'a que l'embarras du choix, soit à l'hôpital à terre, soit le ponton hôpital au grand air de la mer. Il n'est pas rare de voir les malades arriver à l'hôpital après une traversée de quelques jours, car il faut bien que le navire fasse ses escales, il n'est pas rare dis-je de les voir sinon complètement guéris du moins en pleine voie de guérison.

En un mot, *le climat est bon*. La meilleure preuve, c'est que le personnel recruté par le commerce se renouvelle peu, et quand une fois on est venu à la côte après quelques mois de congé pris en Europe pour revoir les siens et revivre un peu de l'existence civilisée, on a hâte d'y retourner.

Monseigneur Le Bert, évêque de Libreville, est mort le 16 juillet 1891, dans sa soixante-douzième année; il était arrivé au Congo le 15 août 1846, cela lui faisait par conséquent 45 ans de Congo sans être rentré en Europe. Un autre exemple pris parmi les commerçants : Mme Pecqueur a habité Libreville 22 ans, elle demeure actuellement à Paris et jouit d'une excellente santé. Je pourrais citer bien d'autres exemples; il est bien certain qu'il y meurt quelques Européens de temps en temps, mais comparée aux autres Colonies, nous n'en avons pas une seule, je crois, qui donne un pour cent aussi faible, à beaucoup près, que notre Congo français.

§ VII.

Quelle est l'organisation administrative et judiciaire de la Colonie? La vie et les biens des Européens sont-ils en sûreté?

La Colonie est gouvernée par un *commissaire général* dont les attributions ont quelque analogie avec celle d'un préfet; il est assisté : d'un *gouverneur* qui le remplace pendant ses séjours en Europe ou ses tournées d'exploration; d'un *directeur de l'intérieur* chargé d'assurer tous les services administratifs; il est lui-même aidé dans son travail par des secrétaires et des chefs nommés, sur sa demande, à la tête de chaque service. La direction de l'intérieur relève directement du sous-secrétaire des colonies.

Le *service judiciaire* est composé : d'un *lieutenant juge*, d'un *greffier notaire* et d'un *commissaire de police*.

Le *lieutenant juge* rend les jugements en justice de paix, en correctionnelle, au civil et au commercial; il est en même temps juge d'instruction pour les cas criminels.

Libreville est tribunal de première instance, il n'y a pas d'*avocats*.

Pour faire appel d'un jugement on est contraint d'aller à Dakar, qui se trouve à dix jours de mer au moins de là, et qui pendant plusieurs mois, tous les ans, ne laisse pénétrer les provenants du sud qu'après quarantaine.

Au point de vue des indigènes, qu'on serait porté à redouter ne les connaissant pas, on peut être absolument rassuré; la vie et la propriété des Européens sont complètement en sécurité. Les naturels sont un peu voleurs, mais dans toute la zone commerciale, l'Européen peut se promener impunément les deux mains dans les poches, jamais il ne sera inquiété, s'il n'a lui-même provoqué les représailles par de graves offenses ou par des rapts, et encore sa vie ne serait-elle guère en danger; il serait à la grande rigueur maintenu en otage jusqu'à la réparation du préjudice. Pour l'obtenir, le chef de village serait le premier bien souvent à informer de l'incident le poste le plus rapproché en y faisant sa plainte.

§ VIII.

Quel est le régime douanier et fiscal? Les marchandises françaises sont-elles favorisées?

Par un arrêté en date du 14 *février* 1891, sont supprimés : les *droits de douane,* qui frappaient jusqu'ici les marchandises françaises à leur entrée dans les territoires du Gabon, de l'Ogowé, du Fernand-Vaz et du N'Gowé. Sont exceptés de la franchise : les alcools, les armes et les munitions, qui cependant bénéficient encore, sur le tarif appliqué aux provenances étrangères, *d'une réduction de* 60 0/0

L'importation des alcools, armes et munitions, marchandises étrangères de toutes espèces et de toutes provenances, reste soumise aux conditions fixées par le tarif annexé ci-après.

D'après des *mercuriales* établies, au commencement de chaque semestre, par une commission nommée *ad hoc,* un droit de 7 0/0 *ad valorem* sera perçu *à la sortie sur les produits,* ivoire et caoutchouc, provenant des territoires du Gabon, de l'Ogowé, du Fernand-Vaz, du N'Gowé et du Loango.

Cet arrêté est exécutoire pour l'importation à compter du 1ᵉʳ janvier 1891, et pour l'exportation à partir du 1ᵉʳ mars même année.

Inutile d'insister sur les avantages réservés par cet arrêté aujourd'hui en vigueur, pour tous les articles de provenance française ; c'est un tarif de protection dans toute l'acception du mot.

Restent les *droits fiscaux,* qui sont l'impôt de la *patente* et le *loyer* que perçoit le Gouvernement sur certains terrains qu'il concède à certaines conditions et provisoirement. Les patentes, peu élevées, sont de 600 francs par an pour les commerçants faisant l'importation ou l'exportation, ou bien, ce qui est à peu près général, les deux ensemble et le détail en plus ; elle est de 150 francs pour les détaillants et les traitants.

Les annuités à payer au Gouvernement pour les terrains loués, sont stipulées par un acte dressé entre les parties ; la somme est basée sur la valeur relative de la situation, sur l'étendue du lot et sur le genre de commerce qu'on y doit entreprendre. Ces faits ne se passent guère qu'à

Libreville ou bien dans certains points d'échange très importants, et encore dans un rayon fort restreint. Partout ailleurs, le Gouvernement concède gratuitement des terrains, avec cette clause : c'est que dans la cinquième année qui suivra la prise de possession, les conditions de la cession auront été remplies ; si elles le sont, la cession devient alors définitive.

L'impôt foncier n'existe pas plus que la cote personnelle et mobilière.

§ IX.

Quelles sont les maisons actuellement établies au Congo? Où se trouve le siège de ces maisons en Europe?

Les maisons établies au Gabon ne sont pas nombreuses, il n'en existe que cinq, ayant leur siège en Europe, ce sont :

La maison DAUMAS ET Cᵉ, rue Maubeuge, à *Paris*.
d°   SAJOU ET Cᵉ, au *Havre*.
d°   WŒRMANN ET Cᵉ, à *Hambourg*.
d°   HATTON COOKSON, à *Liverpool*.
d°   HOLT ET Cᵉ, à *Liverpool*.

Les autres maisons françaises ou étrangères n'ont pas de siège en Europe, les commerçants habitent la colonie. Quelques-uns s'associent un second, ils travaillent généralement par l'intermédiaire de commissionnaires européens.

§ X.

Y aurait-il intérêt à créer de nouveaux comptoirs? Quels en seraient approximativement les frais de première installation? Quel serait le capital nécessaire au bon fonctionnement et au succès de l'entreprise?

Certes oui, il y aurait intérêt et même de grands avantages à créer de *nouveaux comptoirs*. Après tout ce que je viens de dire dans les paragraphes précédents, insister serait même puéril. Les produits existent en quantités gigantesques, inépuisables avant de longues années ; d'ici là, la Colonie sera transformée, l'industrie se sera mise de la partie et comme à Saint-Paul de Loanda, à quelques milles de Libreville, l'électricité illuminera des villes les places et les carrefours , et dans les maisons portera la force et la lumière.

M. de Brazza préconise le système des grandes Compagnies, comme celle du Niger par exemple ; je suis de son avis. Pour donner de l'essor à une colonie en formation, c'est le vrai moyen pratique ; mais le Français est peu brasseur de grandes affaires, quand elles sont lointaines surtout, et je doute que ce système réussisse ; *l'initiative privée* a seule, je crois, quelques chances de réussir.

On peut commencer avec de moindres capitaux, deux ou trois cent mille francs suffisent amplement à la bonne réussite d'une entreprise fort importante. Tout gît dans le choix de l'emplacement du comptoir et de ses factoreries ; rien ne sert de se presser, aux colonies on ne va que lentement ; mais aussi quand on fait un pas ne doit-on le faire qu'à coup sûr. C'est la seule science de toutes les maisons sérieuses devenues maintenant des compagnies puissantes, sinon au Gabon, du moins dans des colonies qui, si on y regardait de bien près, ne seraient pas aussi prisées.

Cette somme de cinq cent mille francs n'est pas absolue, on peut commencer plus modestement. Je connais de petites maisons aujourd'hui très prospères en passe de devenir de grandes maisons, qui n'ont pas eu la moitié de ce capital pour débuter, elles réalisent cependant de beaux bénéfices ; leur actif social se compose de leurs gains accumulés et la somme en est fort respectable.

Le pays est vaste, riche en produits de toute nature, l'indigène est doux et hospitalier ; avec quelques capitaux et des hommes sérieux, l'avenir répondra au-delà des espérances.

Les questions de distance deviennent une quantité négligeable ; en vingt jours maximum, par le Portugal, on est en Europe. Les Chargeurs-Réunis qui sont à notre porte parlent, si j'en crois les on-dit, d'accélérer leur service, et cependant en vingt-huit jours on fait déjà le trajet de Libreville au Havre.

Je ne m'étends pas davantage, dans ce paragraphe, sur les nombreuses combinaisons offertes au commerce, pour l'établissement de comptoirs au Congo Français ; de même que trente ou quarante mille francs suffiraient amplement à un particulier qui seul y voudrait monter une affaire modeste, lui permettant cependant de réaliser de jolis bénéfices, de même il faudrait des millions pour organiser une Compagnie comme celle du Niger.

Entre ces deux extrêmes chacun peut en toute sécurité travailler selon les moyens dont il dispose; le capital engagé est relatif, tout dépend du genre et de l'importance du négoce que l'on veut entreprendre.

Dans la phase tourmentée que nous traversons, où chacun cherche une situation stable qui pour l'avenir promette l'assurance d'un repos justement mérité par le travail et l'économie, que ceux-là tournent leurs yeux vers cette terre française, conquête pacifique, où notre drapeau flotte haut et fier; mais il est triste cependant de voir son sol dédaigné par la métropole, et chaque jour de plus en plus envahi par l'étranger, dont les nombreux et florissants comptoirs accapareront bientôt, si cela continue, tout le commerce de cette belle Colonie.

§ XI.

Statistique : Importation, Exportation.

Il sera sage de ne se fier pour l'exportation que sur la statistique *du* 1ᵉʳ *semestre* 1891 ; depuis cette année seulement on peut avoir en elle une confiance absolue. Les manifestes sur lesquels la douane s'était basée jusque-là pour établir sa statistique étaient faits d'une façon fantaisiste ; les droits de sortie y ont rapidement mis bon ordre. Je joins cependant l'année 1890, mais à titre de renseignement, dont je décline toute espèce de responsabilité.

Tout mon rapport a été fait d'une façon absolument sincère, j'ai vu tout ce dont je parle et je ne crois pas que pour aucun des faits articulés ma bonne foi ait été surprise ; je ne m'en suis, du reste, jamais rapporté à moi seul. Avant de les formuler j'ai toujours discuté mes opinions avec des gens estimés compétents.

Avant de terminer permettez-moi, *Messieurs*, de vous remercier de la confiance que vous avez bien voulu me témoigner en me chargeant de ce travail.

Merci aussi pour le subside que vous m'avez remis, les temps ont été durs et dans les moments difficiles que j'ai eus à traverser il m'a été d'un grand secours ; *je ne l'oublierai pas !* Enfin, tout est bien qui finit bien, dit un vieux proverbe ; aussi je ne considèrerai ma tâche comme terminée que si vous voulez bien m'assurer qu'elle l'est à *votre* entière satisfaction.

Je me tiens à l'entière disposition de *Messieurs les Membres du Syndicat* pour tous les renseignements qu'ils pourraient désirer.

Rouen, le 28 octobre 1891.

H. DE BAILLEUL.

TABLEAU DES IMPORTATIONS & EXPORTATIONS

IMPORTATIONS

NOMENCLATURE DES MARCHANDISES	Année 1890				1er Semestre 1891			
	MARCHANDISES FRANÇAISES		MARCHANDISES ÉTRANGÈRES		MARCHANDISES FRANÇAISES		MARCHANDISES ÉTRANGÈRES	
	QUANTITÉS	VALEURS	QUANTITÉS	VALEURS	QUANTITÉS	VALEURS	QUANTITÉS	VALEURS
Aniniaux	»	»	739	47.715	»	»	137	10.300
Conserves de viande, lard, etc.	18.458	39.666	51.970	103.523	13.807	26.704	25.970	50.889
Lait, beurre et fromage	675	17.345	10.487	23.023	2.288	6.269	3.407	12.313
Poissons (conserves)	5.992	6.822	22.167	18.882	1.719	1.557	22.398	16.863
Farineuses alimentaires	51.915	11.768	269.187	59.002	21.135	5.628	177.849	38.173
Fruits divers, secs et confits	1.294	2.966	2.313	6.540	924	3.239	1.519	4.279
Tabacs en feuilles	»	»	79.141	118.147	»	»	20.183	30.278
Id. manufacturés	1.946	8.593	2.634	9.609	208	862	718	3.430
Sucres	6.097	6.097	9.238	9.238	626	626	6.425	6.425
Sirops et confiseries	8.556	21.803	3.740	9.351	2.495	6.238	2.348	5.872
Café (San-Thomé)	»	»	16.096	32.192	»	»	577	1.154
Chocolats, thés, espèces div.	605	1.671	2.232	9.810	172	435	772	3.028
Huiles	7.297	11.154	7.978	11.963	3.791	5.446	3.131	4.697
Thérébentines, essences	598	598	577	577				
Bois	79.826	15.865	86.564	17.312	4.120	8.240	4.275	855
Fibres végétales, étoupes	535	428	744	2.258	100	80	»	»
Légumes verts	4.325	2.163	5.783	2.893	10.991	12.018	6.888	575
Id. conservés	9.242	13.852	10.036	15.055				
Briques et tuiles	178.015	10.826	9.700	485	107.760	5.388	72	4
Chaux, ciments et plâtres	133.561	13.356	106.135	10.614	45.242	4.524	3.485	349
Brai, goudron, coaltars	2.488	497	11.859	2.372	4.172	834	5.449	1.090
Pétroles	»	»	53.790	21.515	»	»	37.293	14.917
Houilles	»	»	20.000	1.000	25.000	1.250	141.440	7.072
Métaux bruts et divers	607	379	39.745	27.260	806	185	3.820	1.883
Sel	»	»	913.231	45.661	»	»	342.059	17.103
Produits chimiques	»	3.639	»	2.467	»	665	»	770
Vernis et couleurs	3.072	2.294	8.482	6.225	3.981	2.984	3.330	2.436
Parfumeries	2.907	33.823	9.299	72.543	491	6.673	2.504	19.316
Savons	18.116	10.868	45.051	27.031	11.983	7.189	21.599	12.959
Bougies	2.479	2.446	849	1.529	1.026	1.756	138	249
Médicaments	»	4.461	»	1.837	»	605	«	925
Cidres, bières, limonades	26.963	17.872	36.428	25.500	9.774	6.842	21.801	15.261
Eaux minérales	4.746	3.797	2.860	2.288	4.376	3.501	4.474	3.579
Vins en fûts et en bouteilles	71.618	36.862	14.504	7.529	45.565	22.975	3.435	1.743
Vermuths et vins aromatisés	2.820	5.640	948	1.896	884	1.768	360	720
Vins mousseux	4.250	21.250	418	2.090	1.668	8.340	199	970
Vinaigres	898	469	418	210	124	62	253	127
Alcools à 50° et au-dessus	18.047	14.427	3.511	2.490	3.510	2.808	9	72
Id. de 25° à 49°	398.413	157.199	66.849	26.754	205.308	82.123	24.217	9.688
Id. au-dessous de 25°	9.492	5.694	8.872	5.324	270	162	1.323	794
Liqueurs	12.584	37.754	6.700	20.100	1.902	5.706	1.679	5.037
Poteries, faïences et verreries	27.507	14.232	108.491	54.605	»	11.621	»	18.640
Fils de lin, chanvres, soies et laines	»	338	»	2.802	»	»	»	515
Tissus écru, lin, chanvre, coton.	»	6.889	»	38.376	»	9.233	»	13.116
Id. teints ou imprimés	»	4.988	»	512.782	»	1.311	»	158.405
Id. laines	»	1.780	»	3.361	»	»	»	»
Id. soies	»	»	»	191	»	»	»	»
Vêtements confectionnés	»	36.013	»	138.617	»	22.040	»	58.523
Sacs vides	»	»	»	3.505	»	»	»	16.500
Librairie et papeterie	»	15.386	»	21.827	»	4.758	»	11.219
Chaussures, cuirs ouvrés	»	11.240	»	13.340	»	12.521	»	5.220
Coutelleries	»	1.070	»	7.054	»	1.040	»	2.376
Horlogerie et bijouterie	»	3.035	»	7.086	«	»	»	»
Fers, fontes et aciers ouvrés	26.658	13.546	132.837	81.183	»	»	»	»
Ferblanterie	1.437	2.156	4.369	6.665	»	»	»	»
Cuivres ouvrés	2.836	9.927	38.783	133.946	»	41.693	»	110.564
Plomb, zinc ouvrés	82	205	1.332	3.321	»	»	»	»
Etain ouvré	»	»	5	14	»	»	»	»
Machines et mécaniques	»	2.336	»	9.849	»	»	»	»
Quincaillerie, outils	3.606	7.069	22.592	46.726	»	»	»	»

IMPORTATIONS *(suite)*

NOMENCLATURE DES MARCHANDISES	Année 1890				1er Semestre 1891			
	MARCHANDISES FRANÇAISES		MARCHANDISES ÉTRANGÈRES		MARCHANDISES FRANÇAISES		MARCHANDISES ÉTRANGÈRES	
	QUANTITÉS	VALEURS	QUANTITÉS	VALEURS	QUANTITÉS	VALEURS	QUANTITÉS	VALEURS
(Suite)								
Armes diverses	558	4.003	22.185	134.207	»	545	3.995	24.685
Poudres, capsules, munitions	7.024	3.298	110.974	80.322	»	578	»	15.709
Meubles	»	6.370	»	6.011	»	2.336	»	6.408
Bois ouvrés	»	17.186	»	42.896	»	19.085	»	9.821
Instruments de musique	»	1.464	»	6.449	»	»	»	1.735
Cordes et ficelles	1.925	2.310	1.159	1.390	1.313	1.576	709	850
Vanneries et sparteries	402	817	631	1.598	»	»	383	766
Chapeaux	4.000	10.000	15.427	38.456	2.040	5.100	4.553	11.382
Embarcations	510	612	257	308	1.501	1.801	518	622
Agrès et apparaux	1	450	14	6.300	10	4.500	56	25.425
Ouvrages en caoutchouc	186	1.116	1.794	10.764	162	972	427	2.562
Feutres	181	237	2.200	3.072	175	26	508	76
Ouvrages en liège	419	1.713	45	270	61	366	3	18
Instruments d'optique	»	726	»	460	»	654	»	310
Allumettes en bois	»	»	»	3.585	»	196	»	857
Parapluies	581	4.266	1.382	9.254	174	1.044	917	6.078
Mercerie et bimbloterie	»	9.901	»	19.787	»	7.312	»	3.509
Totaux		736.043		2.262.189		393.918		814.086

EXPORTATIONS

NOMENCLATURE DES MARCHANDISES	Année 1890				1er Semestre 1891			
	POUR LA FRANCE		POUR L'ÉTRANGER		POUR LA FRANCE		POUR L'ÉTRANGER	
	QUANTITÉS	VALEURS	QUANTITÉS	VALEURS	QUANTITÉS	VALEURS	QUANTITÉS	VALEURS
Cuirs bruts	2.950	2.950	5.000	5.000	»	»	1.200	1.200
Cires	»	»	180	540	»	»	»	»
Ivoire au-dessous de 10 k	1.951	29.265	24.104	361.560	2.407	36.105	10.386	155.790
Id. au-dessus de 10 k	320	8.000	14.439	360.975	358	8.950	1.926	48.148
Ecailles de tortues	95	950	»	»	120	1.200	300	3.000
Cornes	»	»	440	176	»	»	»	876
Noix de kola	»	»	6.487	19.461	»	»	6.711	20.133
Noix de palme	8.384	2.011	94.860	22.767	5.013	1.203	8.825	2.119
Café (Sibang)	»	»	2.530	5.060	»	»	1.690	3.380
Huile de palme	3.021	1.359	16.947	7.626	5.300	2.385	4.081	1.835
Caoutchoucs	28.447	113.788	488.340	1.953.360	11.553	40.436	158.994	556.460
Gomme copal	3.000	6.000	205	470	»	»	»	»
Stophantus (Onaïe)	»	»	30	280	»	»	5	25
Bois à brûler	»	»	206.200	30.930	»	»	40.735	6.110
Id. d'ébène	391.762	97.940	964.476	241.138	210.754	52.689	295.245	73.817
Id. rouge de santal	1.644.795	131.584	748.100	59.848	»	»	285.089	22.807
Id. d'ébénisterie	92.130	41.458	3.000	1.350	»	»	406	122
Fibres végétales	»	»	69	55	»	»	185	38
Objets de collection	»	1.905	»	4.160	»	560	»	2.800
Divers non détaillés	»	»	»	»	»	21.317	»	58.209
Totaux		437.210		3.074.756		164.845		956.869

RÉCAPITULATION

Importations Année 1890.	
France	736.043
Étranger	2.262.189
	2.998.232

Importations 1er Semestre 1891.	
France	393.918
Étranger	814.086
	1.208.004

Exportations Année 1891.	
France	437.210
Étranger	3.074.756
	3.511.966

Exportations 1er Semestre 1891.	
France	164.845
Étranger	956.869
	1.121.714

Mouvement général.

Année 1890

Importations...	2.998.232
Exportations....	3.551.966
Réexportations .	111.202
	6.661.400

Mouvement général.

1er Semestre 1891

Importations...	1.208.004
Exportations ...	1.121.714
Réexportations .	»
	2.329.718

Les importations étrangères, pour le 1er semestre 1891, se décomposent ainsi que suit par nationalités :

Allemagne	305.599
Angleterre	445.630
Diverses	62.857
	814.086

COLONIE DU CONGO FRANÇAIS

DOUANES

TARIF

DES DROITS A L'IMPORTATION

Dans les territoires du GABON, de l'OGOWÉ, du FERNAN-VAZ
et de N'GOWÉ
par application des Décrets des 18 et 25 novembre 1890.

Libreville, le 14 février 1891.

Vu et approuvé :
Le Commissaire général,
P. S. DE BRAZZA.

Par le Commissaire général :
Le Directeur de l'Intérieur,
C. CERISIER.

DÉSIGNATION des PRODUITS	UNITÉS sur lesquelles portent les droits.	QUOTITÉ des droits sur les marchandises étrangères de toutes provenances.	QUOTITÉ des droits sur les marchandises françaises.
Animaux vivants.			
Animaux vivants de toutes sortes	Tête	Exempts.	Exempts.
Produits et dépouilles d'animaux.			
Viandes fraiches	100 kil. B	4 »	d°
Lard et porc salé	d°	5 »	d°
Jambons et langues fumées	d°	10 »	d°
Saucissons	d°	10 »	d°
Autres conserves de toutes sortes	d°	10 »	d°
Graisses autres que de poisson, etc	d°	4 »	d°
Lait condensé, non sucré	d°	6 »	d°
Beurre salé ou de conserve	d°	5 »	d°
Fromages de toutes sortes	d°	8 »	d°
Peaux et pelleteries brutes	d°	Exemptes	d°
Engrais d'origine animale	d°	Exempts.	d°
Pêches.			
Poissons frais	100k.	Exempts.	d°
Poissons secs, salés ou fumés	100 kil. B	» 60	d°
Poissons, homards et langoutes marinés ou autrement conservés	d°	10 »	d°
Graisse de poissons	d°	Exemptes	d°
Matières végétales. *Farineux alimentaires.*			
Céréales de toutes sortes, grains, riz, légumes, farines	100 kil. B	» 50	d°
Pommes de terre	d°	2 »	d°
Biscuits de mer	d°	1 »	d°
Pâtes d'Italie, gruaux, semoules, etc	d°	3 »	d°
Fruits et graines.			
Fruits frais	100k.	Exempts.	d°
Fruits secs ou tapés	100 kil. B	5 »	d°
Fruits conservés ou confits à l'eau-de-vie	hect de c.	50 »	d°
Fruits conservés ou confits au sucre ou au miel	100 kil. B	10 ».	d°
Fruits conservés ou confits autres	d°	5 »	d°
Graines à ensemencer et autres	d°	Exemptes	d°
Denrées coloniales de consommation.			
Chocolat	Le kil. B	» 10	d°
Sirops, confitures, bonbons et biscuits sucrés	100 kil. B	10 »	d°
Epices préparées ou non	100 kil. N	15 »	d°
Thé	Le kil. N	» 50	d°
Tabacs en feuilles et liamba	d°	» 40	d°
Tabacs fabriqués, à fumer, à priser ou à mâcher	d°	» 60	d°
Tabacs fabriqués, cigares	d°	1 »	d°
— — cigarettes	d°	1 »	d°

DÉSIGNATION des PRODUITS	UNITÉS sur lesquelles portent les droits.	QUOTITÉ des droits sur les marchandises étrangères de toutes provenances.	QUOTITÉ des droits sur les marchandises françaises.
Sucres bruts	100 kil. B	5 »	Exempts.
— raffinés ou assimilés aux raffinés	d°.	8 »	d°
Café	d°	6 »	d°
Cacao	d°	3 50	d°
Vanille	Kilogr.	Exempts.	d°
Huiles et sucs végétaux.			
Huiles fixes, pures d'olives et autres	100 kil. B	6 »	d°
Essences de térébenthines, baumes, sucs, etc	d°	Exempts.	d°
Espèces médicinales.			
Racines, herbes, feuilles, fleurs, fruits et écorces	100k.	Exempts.	d°
Bois.			
Bois communs à construire de toutes sortes, bruts, équarris ou sciés	100k.	Exempts.	d°
Bois, mâts, mâtereaux, espars, pigouilles, manch. de fouines	d°	d°	d°
Merrains et douvelles	d°	d°	d°
Bois fouillard	d°	d°	d°
Autres	d°	d°	d°
Liège brut, râpé ou en planches	100 kil. B	5 »	d°
Fruits, tiges et filaments à ouvrer.			
Fruits, tiges et filaments à ouvrer (y compris les étoupes)	100k.	Exempts.	d°
Teintures et tanins.			
Végétaux de toutes sortes propres à la teinture et au tannage	100k.	Exempts.	d°
Produits et déchets divers			
Légumes verts	100k.	Exempts.	d°
Légumes salés, confits ou conservés, y compris les truffes et les champignons	100 kil. B	5 »	d°
Son	d°	Exempts.	d°
Matières minérales.			
Pierres de construction, brutes et ouvrées, pavés, pierres servant aux arts et métiers	d°	d°	d°
Filtres de Ténériffe et autres	d°	d°	d°
Meules	d°	d°	d°
Ardoises, carreaux, briques et tuiles de toutes sortes	Le mille	3 »	d°
Chaux, ciment et plâtre	100 kil. B	» 60	d°
Brai gras, goudron et coaltar	d°	» 50	d°
Huiles de schiste, pétrole, autres huiles minérales pour l'éclairage	Hectolit.	3 »	d°
Houille, coke et autres combustibles minéraux	100 kil. B	15 »	d°

DÉSIGNATION des PRODUITS	UNITÉS sur lesquelles portent les droits.	QUOTITÉ des droits sur les marchandises étrangères de toutes provenances	QUOTITÉ des droits sur les marchandises françaises.
Métaux.			
Or, platine et argent brut, laminé ou filé	Valeur.	0 25 p. 0/0	Exempts.
Fer en barres, fonte de toutes sortes, tôle et acier	100 kil. B	2 »	d°
Fer étamé (fer-blanc) cuivré, zingué ou plombé	d°	3 50	d°
Cuivre en masses, barres, saumons ou plaques, battu ou laminé	d°	6 »	d°
Plomb en masses, barres, saumons ou plaques, battu ou laminé	d°	3 »	d°
Etain en masses, barres, saumons ou plaques, battu ou laminé	d°	8 »	d°
Zinc en masses, barres, saumons ou plaques, battu ou laminé	d°	4 »	d°
Fabrication.			
Produits chimiques.			
Sel marin et sel gemme	100 kil. B	» 40	d°
Tous autres produits chimiques	Valeur.	5 p. 0/0	d°
Couleurs.			
Vernis à l'alcool	Hectolit.	100 »	d°
— autres	100 kil. B	3 »	d°
Couleurs préparées ou non, de toutes sortes	d°	3 »	d°
Encres de toutes sortes	Le litre	» 15	d°
Crayons de toutes sortes	Kil N	» 30	d°
Compositions diverses.			
Parfumeries { Savons	100 kil. B	20 »	d°
Parfumeries { Autres. { alcooliques non alcooliques	Hectolit.	100 »	d°
alcooliques	100 kil. N	16 »	d°.
Savons autres que ceux de parfumeries	100 kil. B	8 »	d°
Bougies de toutes sortes	100 kil. N	16 »	d°
Chandelles de toutes sortes	100 kil. B	6 »	d°
Médicaments composés	»	Exempts.	d°
Boissons.			
Cidre, bière, limonade	Hectolit.	5 00	(1)
Eaux minérales	»	Exemptes	
Vins titrant moins de 16°	Hectolit.	5 »	
Vins titrant 16° et au-dessus	d°	10 »	d°
Vermouth et vins aromatisés.	d°	30 »	d°
Vins mousseux	La bout.	» 40	d°
Vinaigre	Le litre	» 05	d°
Alcool à 50° centigrades et au-dessus (trois-six)	l'hect. de liquide	100 »	40 »
Alcool de 25 à 45°	d°	60 »	(2) 24 »
Eaux-de-vie et liqueurs de traite, titrant moins de 25°	d°	40 »	16 »
Liqueurs autres	d°	60 »	23 »

(1) Chaque bouteille compte pour un litre entier.
(2) Les degrés seront mesurés par l'alcoomètre de Gay-Lussac. Chaque bouteille compte pour un litre entier.

DÉSIGNATION des PRODUITS	UNITÉS sur lesquelles portent les droits.	QUOTITÉ des droits sur les marchandises étrangères de toutes provenances	QUOTITÉ des droits sur les marchandises françaises.
Poteries.			
Poteries, porcelaines, faïences de toutes sortes	100 kil. B	2 »	
Verres et cristaux de toutes sortes, y compris les glaces et miroirs	100 kil. N	15 »	
Fils.			
Fils de lin, chanvre et coton.	Valeur.	10 p. 0/0	(3)
Fils de laine et de soie	d°	d°	
Tissus.			
Tissus écrus de lin, chanvre et coton	d°	d°	Exempts.
Tissus de laine	d°	d°	
Tissus de soie	d°	d°	
Tissus de jute	d°	d°	d°
Les tissus teints ou imprimés.	d°	20 p. 0/0	d°
Passementerie de toutes sortes à l'exception de la passementerie d'or et d'argent fins	d°	d°	d°
Sacs, y compris ceux destinés à l'exportation des produits du pays	Pièce.	» 02	d°
Vêtements confectionnés, y compris la lingerie cousue..	Valeur.	10 p. 0/0	d°
Papier et ses applications.			
Livres, imprimés, gravures, estampes, lithographies, photographies et dessins de toutes sortes sur papier, cartes géographiques ou marines, musique gravée ou imprimée	»	Exempts.	d°
Papier et toutes ses autres applications	100 kil. B	10 »	d°
Peaux et pelleteries ouvrées.			
Chaussures, sellerie, tous autres ouvrages en peau ou en cuir	100 kil. B	30 »	d°
Ouvrages en métaux.			
Ouvrages en fer, fonte ou acier	100 kil. B	4 »	d°
Ouvrages en fer blanc	d°	6 »	d°
Ouvrages en cuivre	100 kil. B	12 »	d°
Ouvrages en plomb ou en zinc.	100 kil. B	6 »	d°
Ouvrages en étain	100 kil. B	12 »	d°
Machines étrangères	Valeur.	10 p. 0/0	d°
Orfèvrerie et bijouterie fausse ou en or, argent ou autres métaux précieux	Kil. N	5 »	d°
Horlogerie	Valeur.	10 p. 0/0	d°
Outils de toutes sortes	100 kil. N	8 »	d°
Aiguilles et hameçons	Kil. N	1 »	d°
Epingles de toutes sortes	d°	» 20	d°
Coutelleries de toutes sortes	100 kil. N	40 »	d°
Plumes à écrire autres qu'en métaux précieux	Kil. N	1 »	d°

(3) Avec faculté de préemption, les fils tissés d'or et d'argent suivant le régime de l'orfèvrerie. — Les fils mélangés sont tarifés d'après la matière dominant en poids.

DÉSIGNATION des PRODUITS	UNITÉS sur lesquelles portent les droits.	QUOTITÉ des droits sur les marchandises étrangères de toutes provenanc"	QUOTITÉ des droits sur les marchandises françaises.
Clous, vis et boulons en cuivre.	100 kil. N	10 40	Exempts.
Ancres, câbles et chaînes en fer....................	d°	2 50	d°
Armes, poudres et munitions.			
Armes de traite, fusils à silex, sans hausses ni rayures.....	Pièce.	2 »	» 80
Autres armes dont l'introduction est autorisée............	Valeur.	20 p. 0/0	8 p. 0/0
Capsules et douilles amorcées.	Kil. N	» 75	» 30
Poudre à tirer, de chasse.....	Kilogr.	4 »	1 60
Poudre de traite	Kil. N	» 30	» 12
Cartouches à balles...........	Le cent.	4 »	1 60
Cartouches à plomb	d°	3 »	1 20
Plomb de chasse..............	100 kil. B	5 »	2 »
Artifices pour divertissements.	Kil. N	» 30	Exempts.
Meubles.			
Meubles de toutes sortes, y compris les cadres, montés ou non....................	Valeur.	10 p. 0/0	d°
Ouvrages en bois.			
Futailles vides montées ou démontées................	Pièce.	Exempts.	d°
Tous autres ouvrages en bois non dénommés..............	100 kil. B	5 »	d°
Instruments de musique.			
Instruments complets et accessoires de toutes sortes	Valeur.	10 p. 0/0	d°
Ouvrages de vannerie. *Sparterie et corderie.*			
Cordages et ficelles de toutes sortes	100 kil. B	2 »	d°
Ouvrages de vannerie, sparterie et corderie non dénomm.	d°	10 »	d°
Ouvrages en matières diverses.			
Embarcations de mer et de rivière.....................	Ton. de f.	1 50	d°
Agrès et apparaux de marine non dénommés.............	100 kil. B	2 50	d°
Ouvrages en caoutchouc et en gutta-percha	d°	20 »	d°
Feutres et ouvrages en feutre autres que les chapeaux....	Kil. B. 100	20 »	d°
Chapeaux de toutes sortes....	Pièce.	» 20	d°
Liége ouvré de toutes sortes..	100 kil. B	9 »	d°
Bésicles, lunettes, lorgnons et jumelles	100 kil. N	100 »	d°
Autres instruments d'optique et appareils scientifiques ...	»	Exempts.	d°
Allumettes chimiques en bois.	100 kil. N	12 »	d°
Allumettes autres qu'en bois.	d°	20 »	d°
Parapluies et parasols en soie..	d°	20 »	d°
Parapluies et parasols autres..	100 kil. B	10 »	d°
Marchandises non dénommées	Valeur.	10 p. 0/0	d°

EXEMPTIONS

Indépendamment des exemptions déjà spécifiées dans le tarif qui précède, sont exemptés de tous droits :

1° Tout ce qui est destiné aux travaux ou aux approvisionnements du service marine ou du service colonial et adressé au chef de la colonie ;

2° Les approvisionnements en vivres destinés aux services de la marine militaire, des troupes et qui ne devront pas être consommés dans la colonie ; les bois, fers et généralement toutes les matières employées pour la confection et l'entretien du matériel militaire dans les constructions navales ou pour la fabrication d'objets servant à la navigation ; les combustibles et toutes autres matières embarquées sur les bâtiments de l'État pour être consommés ou employés en mer. Ces approvisionnements seront placés sous le régime de l'entrepôt ;

3° Les effets des voyageurs ne sont soumis à aucun droit lorsqu'ils portent des traces d'usage et que les quantités sont en rapport avec la position sociale des propriétaires. Cette immunité est applicable dans tous les bureaux de la douane. Elle doit être accordée même quand les objets n'accompagnent pas les voyageurs. Les chefs locaux apprécient ce qu'il est convenable de faire pour prévenir tout abus ou pour éviter toute rigueur inutile.

Les vêtements neufs, le linge neuf, le tabac et les cigares, les petites pharmacies de voyage, compris dans les bagages des voyageurs, doivent être soumis aux droits.

Il en est de même des denrées de consommation, à moins qu'il ne s'agisse de très petites quantités formant un restant de provision de route ;

4° Les objets de toute nature composant le mobilier des Français et des Étrangers qui viennent s'établir dans la colonie ou qui y rentrent après l'avoir quittée sont admissibles en franchise quand, notoirement destinés à l'usage des importateurs et de leur famille, ils portent des traces de service. L'immunité s'applique à tous les objets d'ameublements, y compris les tapis et tapisseries de toutes sortes, aux habillements, aux linges de corps, de lit, de table et de cuisine, à la verrerie, à la vaisselle (y compris les porcelaines), aux pianos et autres instruments de musique, à l'argenterie sauf à assurer, quand il y a lieu, la perception du droit de garantie, et aux ustensiles quelconques de ménage ; en un mot à tout ce qui constitue le mobilier, pourvu que les objets soient en cours d'usage ; mais ces dispositions ne sont pas applicables aux provisions de ménages, aux voitures suspendues, chevaux et aux harnais ;

5° Les effets et vêtements personnels, même neufs, destinés à toute époque aux membres d'une mission politique, commerciale, géographique ou scientifique, donnée par le Gouvernement Français.